Sigrid Lohse · Irmgard Paule

Das Gespenst im Glockenturm

Der Text dieses Buches entspricht den Richtlinien der neuen
Rechtschreibung.

Bibliografische Information der Deutschen Bibliothek
Die Deutsche Bibliothek verzeichnet diese Publikation in der Deutschen
Nationalbibliographie; detaillierte bibliografische Daten sind im Internet
über http://dnb.dbb.de abrufbar.

© 2004 Echter Verlag Würzburg
Gesamtherstellung: Druckerei Theiss GmbH, A-9431 St. Stefan
ISBN 3-429-02285-1

Sigrid Lohse · Irmgard Paule

Das Gespenst im Glockenturm

Eine Gruselgeschichte zur Erstkommunion

echter

Geisterzeit

Immer wenn die Sterne funkeln
und der Mond am Himmel gähnt,
*   UAHHHHH,*
tapst jemand mit viel Gemunkel
und mit schaurigem Gesang
durch die dunklen Kirchenräume –
STUNDENLANG.

Immer dann zur vollen Stunde,
wenn die große Glocke dröhnt,
*   DONGGGG,*
macht ein Schatten seine Runde,
schwebt herum in der Dunkelheit.
Klopft an buntbemalte Fenster –
GEISTERZEIT.

Unheimliches HU und HA!
Wir Gespenster sind jetzt da!

Sie kommen...

Eines Tages, es müssen so ungefähr achthundertzweiundvierzig Monate und fünfundsiebzig Minuten her sein, da trafen sie ein. Die Gespenster natürlich! Da hatten sie es gefunden. Das kleine Kirchlein in Unterfeldhagen oder wie immer dieser Ort hieß. Wieso ausgerechnet dort, das wusste kein Geist so recht.
Horrie M. konnte es sich nicht erklären. Tante Aldora übrigens auch nicht. Noch nicht einmal Onkel Reginald wusste darauf eine Antwort. Obwohl er doch als Gespensterältester viel zu wissen schien. Und Onkel Archibert war sowieso froh, dass diese endlose Reise ein Ende hatte.
Vielleicht lag es ganz einfach am netten Wetterhahn, der ihnen freundlich zunickte. Womöglich auch an den blitzenden bunten Fensterscheiben.
Nur Willi, der schien es wieder mal ganz genau zu wissen. Deshalb rief er auch sofort: »Die Glocke in dem hohen Turm dort gefällt mir. Und an der langen Schnur kann man bestimmt prima herumturnen. Hier ziehen wir ein.«
»Kletterst du jetzt gleich herum?«, fragte Mia vorsichtig.
»Moment mal«, sagte Horrie M. Denn sie war schließlich das größte und wichtigste Gespenst. Daher sagte sie auch immer, wo es langging. Manchmal hatte sie Recht und manchmal aber auch nicht. Jedenfalls wagte ihr kaum jemand zu widersprechen. Nicht Tante Aldora, die vorgab schlecht zu hören. Nicht Onkel Archibert, der zu allem sowieso immer Ja und Amen sagte. Er wollte schließlich seine Ruhe haben mit seinen zweihundertsiebzig Jahren. Und auch nicht Onkel Reginald, der in langen gewundenen Regenwurmsätzen sprach.

Doch die kleine Mia, die lachte etwas ängstlich. »In solch einem großen Schloss habe ich noch nie gewohnt.«
»Kleine Mia, das ist kein Schloss, sondern eine Kirche«, erklärte Tante Aldora.

»Aber für mich ist es so schön wie ein Schloss.«
»Ja, ja, stimmt genau«, meinte darauf Onkel Archibert.
»Nun gut!« Horrie M. ordnete ihr Gewand. »Das schlechteste scheint es nicht gerade zu sein«, und guckte durch ein Fenster: »Also bleiben wir hier.«
Und so geschah es denn auch. Mit Sack und Pack zog die ganze Gespenstersippe in die Kirche ein. Nur die Gespensterelten von Willi und Mia fehlten. Die gondelten irgendwo in der großen weiten Welt herum. Sie waren schließlich noch zu jung, um als Schloss- oder Kirchengeister herumzuspuken und sich zu langweilen. Das konnten ihre alten Verwandten tun. Außerdem waren diese großartig in der Erziehung von Mia und Willi. Es sollten schließlich wunderbare Geister aus den beiden werden.
»Ich glaube, hier finde ich es wundergespensterhaftschönundspukmäßigfein.« So konnte sich nur Onkel Reginald ausdrücken.

Damit fing das alles an. Nur der alte Wetterhahn hatte von diesem Zeitpunkt an einen krummen Hals. Den hatte er sich verrenkt. Denn ihm kam alles so ungeheuerlich vor, dass er vor lauter Neugier fast vom Dach gestürzt wäre. Aber glücklicherweise war er mit seinen Füßen festgelötet. Deshalb passierte dann doch nichts.
Doch eine Frage stellte sich natürlich. Wo kamen sie denn überhaupt her, diese Geister?

*Ich glaube gar aus Rumbudar.
Dort kam sie her –
die Geisterschar.*

Gespensterkinder

Pst –
da hinten lacht's!
Pst –
da hinten kracht's!
Pst –
da hinten kichert was.
Schau mal nach,
was ist denn das?

Pst –
da hinten summt's!
Pst –
da hinten brummt's!
Pst –
da hinten scharrt's herum.
Hör doch nur,
da fällt was um.

Doch im Scherbenhaufen
sitzt niemand, den du kennst.
Ja, wer denn nur,
so sag es schon!
Es ist nur ein Gespenst.

»Was hast du schon wieder angestellt? Kannst du nicht mal ein klein wenig aufpassen?« Horrie M. schwebte hinter der Kanzel hervor. Dort machte sie immer ihr Frühstücksschläfchen.
Deshalb konnte sie es absolut nicht leiden, wenn man sie störte.
»Tu ich doch. Aber dann bleib ich immer mit diesem blöden Umhang an irgendwelchen Sachen hängen.« Willi besah sich die kaputte Blumenvase. Warum musste auch solcher Krempel hier herumstehen!
»Das ist kein blöder Umhang. Das ist die Gespensterkleidung.«
»Aber ich möchte auch in Jeans herumlaufen können. So wie das die Kinder machen.« Missmutig besah sich Willi sein weites Gewand. Solch ein umständliches Zeug!
»Du bist nun mal nicht wie andere Kinder. Du bist ein Gespensterkind.« Natürlich musste Horrie M. das sagen, obwohl es jeder wusste.
»Nur deshalb muss ich diese Uraltklamotten anziehen? Dann möchte ich lieber kein Gespenst sein, sondern ein richtiges Kind«, maulte Willi weiter herum.
»Dann müsstest du in die Schule gehen, ätschebätsche«, schrie Mia aus dem Hintergrund und freute sich, dass sie auf diesen Gedanken gekommen war.
Na, das war natürlich ein Grund, sich die Sache nochmals zu überlegen. Aber auch als Gespenst konnte man so einiges in der Schule anstellen. Das würde ganz lustig sein. Lehrererschrecken war vielleicht genauso gut wie den Pfarrer zu ärgern. Aber nur vielleicht.
Mit dem Pfarrer hatte man jedenfalls wunderbar seinen Spaß. Der glaubte nämlich hoch und heilig, dass es sie nicht gab, die Gespenster.

Dabei passierten so unmöglich unglaubliche Sachen in seiner Kirche. Aber er glaubte es trotzdem nicht. Nur die Kinder, die ahnten es irgendwie schon.
Jedenfalls würden sie nachher alle in die Kirche kommen, um noch ein paar Lieder zu üben.
»Hihi«, kicherte Willi. »Das wird etwas geben!«
»Darf ich mitlachen? Sag mir, was es ist«, bettelte Mia.
»Abwarten!«

Wumwumwimwim

Pünktlich um Halbfünf hatten sich die Kommunionskinder in der Kirche versammelt. Der Pfarrer wollte mit ihnen noch einige Lieder üben, damit am Weißen Sonntag alles prima klappte.
»Warum denn schon wieder?«, stöhnte Sascha. Diese ewige Liederüberei gefiel ihm überhaupt nicht. Aber was sein musste, das war halt so.
Ines teilte alle dreiunddreißig Gesangbücher aus.
»Nun singen wir das Lied auf der Seite 48. Schlagt es bitte auf.« Der Pfarrer streckte seinen Dirigentenfinger in die Luft und gab den ersten Ton an: »Lalala.«
 Sascha kicherte.
»Ruhe bitte!«
Da lachte auch Ines. »Das sollen wir wirklich singen?«
»Selbstverständlich«, erklärte kopfschüttelnd der Pfarrer. »Nun fangt bitte endlich an.«

Wumwumwimwim wumwumwimwim –
das ist ein schöner Text.
Wumwumwimwim wumwumwimwim –
nur ist er halb verhext.

Die Kinder kugelten sich fast vor Lachen. Auch der Pfarrer hatte aufgehört mit Singen. »Was um alles in der Welt ist denn hier los? Ich glaube wohl, ich höre nicht recht.«
»Aber wir sollen doch dieses Lied singen«, rief Sascha frech.
»Dieser Text steht niemals in einem Gesangbuch. Niemals!« Der Pfarrer hatte eine ganz laute Stimme bekommen.
»Doch«, Ines hielt ihr Buch hoch.

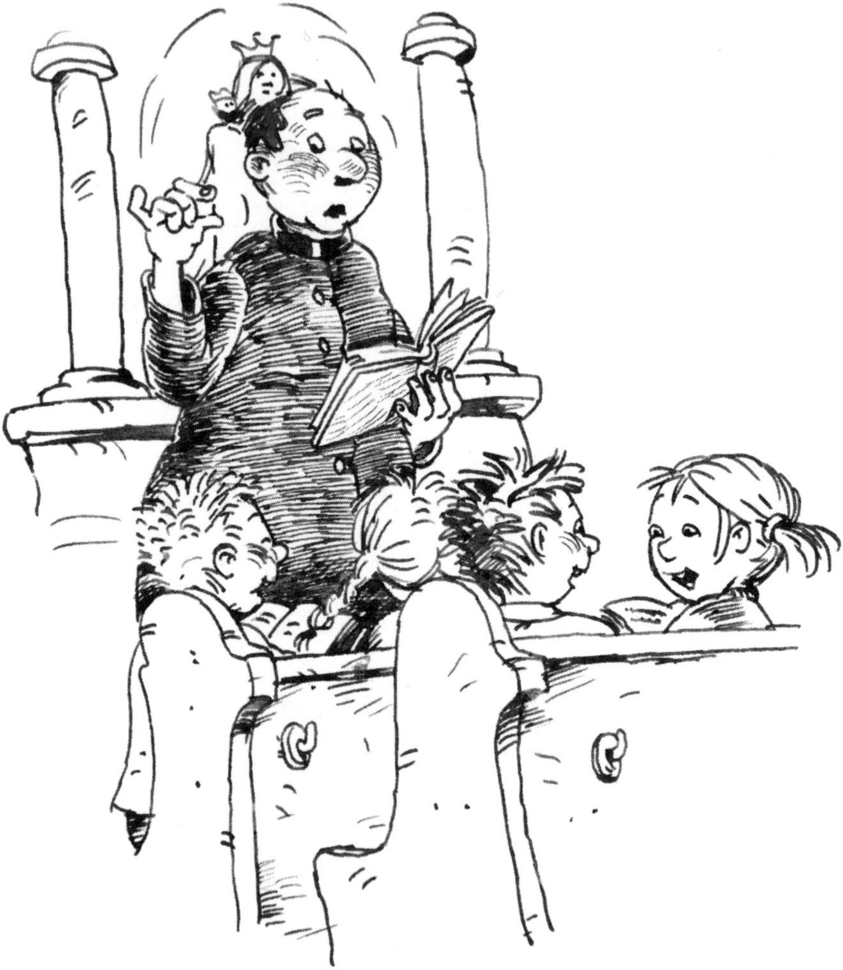

Mit spitzen Fingern nahm der Pfarrer das Gesangbuch und schlug es auf. Tatsächlich, da stand er geschrieben, dieser sinnlose Text. Seite 48 hatte ein großes Eselsohr und einen Fettfleck.
»Allmächtiger«, sagte der Pfarrer und setzte seine Brille gerade. Jetzt konnte er auch die zweite Strophe lesen.

*Wumwumwimwim wumwumwimwim –
ja zwei und drei ist acht.
Wumwumwimwim wumwumwimwim –
wer hätte das gedacht!*

Erst konnte der Pfarrer überhaupt nichts sagen. Dann klappte er das Gesangbuch zu und sah über die Köpfe der Kinder. Dabei musste er sich hinsetzen. »Ich möchte jetzt wissen, wer das war. Er soll sich bitte melden. Wer hat diesen Unsinn verfasst?«
Alle sahen ihn mit großen Augen an. Aber keiner rührte sich. Nur ein leises Kichern war zu hören. Das kam von irgendwo her. Doch aus welcher Ecke? Die Kinder hatten es alle mitbekommen. Nur der Pfarrer nicht. Der saß immer noch vorne und wartete.
»Das war ein Gespenst«, flüsterte Ines. Sascha nickte. »Ich habe es kichern gehört. Wir waren das bestimmt nicht.«
»Nun erzählt mir mal keine Schauermärchen. Gespenster gibt es überhaupt nicht.«
Doch alle Kinder nickten. Natürlich gab es die. Sie hatten es doch kichern gehört. Wer sonst sollte denn diesen Text ausgetauscht haben? Etwa der Küster? Der auf gar keinen Fall. Jetzt scharrte und kratzte es auch noch in irgendeiner Ecke. Die Kinder lauschten. Nur der Pfarrer schien komischerweise nichts zu hören. War der denn taub?

»Jetzt hat es gescharrt!«, rief Sascha aufgeregt.
»Meine lieben Kinder. Ich glaube, dass wir jetzt Schluss machen sollten. Irgendwie geht es mir nicht gut. Irgendetwas verstehe ich nicht. Ich möchte bloß wissen, was das ist…«
Der Pfarrer erhob sich und schickte die Kinder nach Hause. Die stürmten aufgeregt nach draußen. Nur Ines und Sascha, die blinzelten sich zu. Die beiden wussten schon, was sie tun wollten. Und zwar jetzt gleich.

Der Möbelwind

Solch ein Umzug war schon eine verflixt anstrengende Sache. Erst musste man am alten Ort alles, was mit sollte, einpacken. Und dann durfte man am neuen Ort die gleichen Sachen wieder auspacken.
Konnte man nicht einfach mit dem Finger schnalzen oder mit dem Kopf wackeln und die Dinge waren an Ort und Stelle? Aber nein, das ging selbst bei den Gespenstern nicht. Dazu gab es viel zu viel Möbel, Strümpfe, Truhen, Kaffeetassen, Hängematten, Hüpfseile, Wäscheklammern und ganz wichtigen Kleinkram. Auch der alte, rostige Käfig, in dem mal ein Mondschuppenschwein gewohnt hatte, musste mitkommen. Da gab es für Willi keine Diskussion.
»Warum werfen wir dieses Unikum nicht auf den Müll? Wir werden nie im Leben mehr ein solches Schuppenschwein halten«, ärgerte sich Horri M.
»Aber wenn uns dann doch einmal ein Quarkhuhn oder ein Pfannentreter begegnet? Was machen wir mit denen?«
»Dann sehen wir in eine andere Richtung. Ich habe genug von fliegenden, hüpfenden und sich schuppenden Haustieren.«
»Ach Horri M., nun sei halt nicht so«, maulte Mia.
Und so kam besagter Käfig dann doch mit...

Jetzt warteten alle schon seit Tagen auf den Möbelwind. Wo blieb der denn nur?
Tante Aldora hielt ihren dicken Daumen in die Luft. »Es weht der falsche Wind. Wir müssen auf den Ostwind warten.«

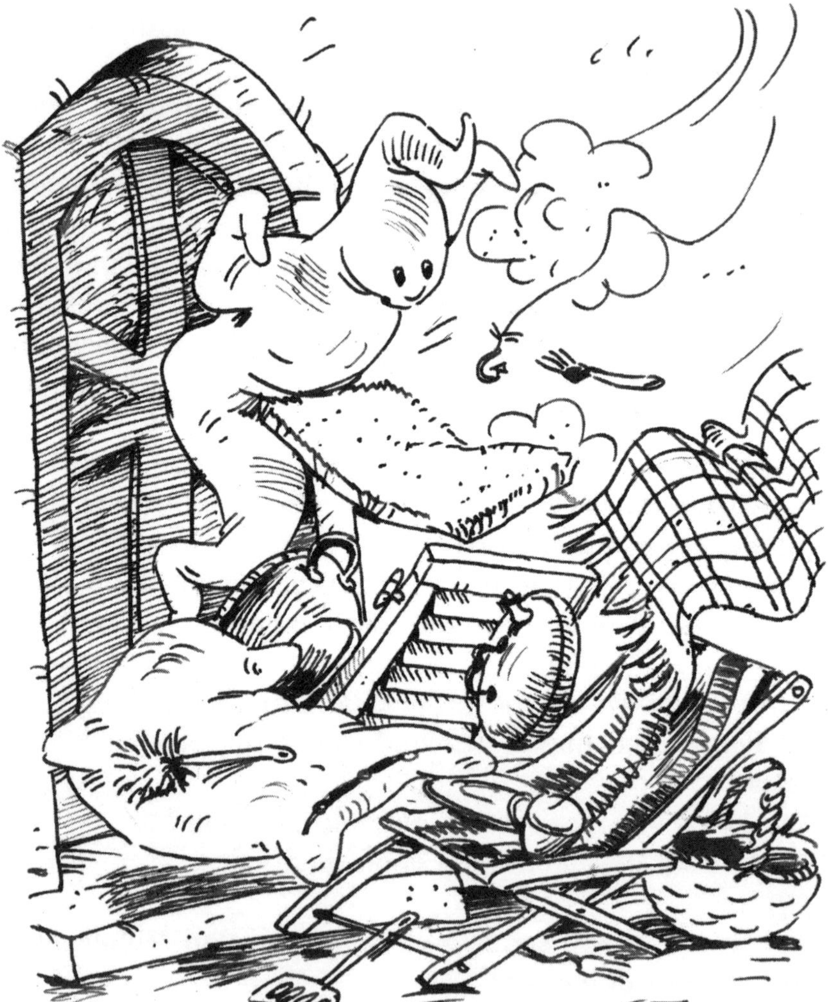

»Auch das noch!«
Doch dann drehte sich der verbogene Wetterhahn. Er streckte seinen schiefen Hals gen Osten. Na endlich! Und der Wind blies und blies und er wehte Kuchengabeln, Bettflaschen, Liegestühle, Fußabstrei- cher, Angelhaken, Blumendünger und all das andere Zeug herbei. Selbst zwei grüngestrichene Fensterläden polterten auf den Platz vor der Kirche nieder.
»Wer wollte denn die mithaben?«, schimpfte Onkel Reginald. »Diese Furchfürchterlichentsetzlichdummendinger.«
»Ich, wenn es dir nichts ausmacht,« erklärte Onkel Archibert schnippisch. »Manchmal braucht man halt solche Sachen.«
Nach zehn Momenten war alles vorbei. Der Wind hatte sich beruhigt und vor der Kirchentür stapelte sich der ganze Kram.
»Du meine Güte noch einmal! Ich hoffe, das wird unser letzter Umzug sein. In unserem Alter ist das wahrlich nicht das reinste Vergnügen.« Onkel Archibert trug als erstes diese beiden Fensterläden in die Kirche. Nur, wohin damit? Ach, was sollte er lange suchen. Kurzerhand versteckte er sie einfach hinter dem Altar. Dort war ausreichend Platz vorhanden.

Mondgedicht

Mond, Mond scheine!
Auf die Sümpfe,
auf die Steine,
auf die Strümpfe
auf der Leine,
auf die winzig
kleinen Schweine.

Dickes, rundes Mondgesicht,
traust du deinen Augen nicht?
              Nein?

Sieh doch die Gespenster flitzen,
durch die Tür- und Mauerritzen!
Eins ist hier
und eins ist dort.
Fang sie doch,
sonst sind sie fort.
Halt sie fest, die flinken Geister.
Och – das war wohl Scheibenkleister.

Kuchenbacken

In der Sakristei dröhnte und polterte es. Dazu schepperte es noch. Und dann schrie jemand. »Hör endlich auf, mich wegzuschubsen.«
»Aber du machst es doch gar nicht richtig.«
»Mach ich doch.«
»Wenn du so weitermurkst, wird das ein ganz blöder Kuchen, der blödeste, den ich je gesehen habe. Hier steht: *Rühr die Zutaten zehnmal rechts herum, dann zwölfmal links herum und dann soll man noch nach beiden Seiten dreimal die Schüssel drehen.*«
»Du hast aber die Schüssel viermal gedreht.«
»Und du hast den Teig dreizehnmal vom Löffel fallen lassen, obwohl hier nur achtmal steht.«
»Das ist jetzt eh schon egal. Jetzt backen wir ihn halt, wie er ist.
Ich lese vor: *Wenn es abends dunkel wird, stell den Teig auf die Fensterbank, so dass um Mitternacht der Mond darauf scheint*«.
»Wenn aber heute Neumond ist? Was machen wir dann?«
»Ist aber nicht.«

Mia und Willi, die beiden kleinen Gespenster, hatten überhaupt nicht bemerkt, dass sich zwei Gestalten in die Sakristei geschlichen hatten. Dort standen sie nun, gut versteckt, hinter einem Vorhang. Es waren natürlich Sascha und Ines. Neugierig schoben sie den Vorhang ein wenig zur Seite. Aber was sie sahen, war sehr eigenartig, denn im Grunde sahen sie gar nichts. Nur eine Kuchenform, die sich hin und her bewegte. Dazu irgendwelche komischen schleierartigen Gebilde, die durch die

Gegend hüpften. Also, wenn das... wenn das gar Gespenster waren, dann... dann musste es den Kindern doch unheimlich werden. Nö! Überhaupt nicht.
Sascha hielt sich die Hand vor den Mund, denn beinahe hätte er losgekichert. Nur Ines, die musste einfach lachen. Natürlich hatten das die Geister Mia und Willi gehört.
»Pst«, machte Mia und zog Willi hinter sich her. Das hatte ihnen gerade noch gefehlt, dass hier irgendwelche Menschen herumkramten. Als zwei weiße Schleier schwebten sie aus der Sakristei hinauf in den Glockenturm. Hier oben konnten sie sicher sein, nicht beobachtet zu werden. Nur dieser neugierige Wetterhahn mit dem

krummen Hals schaute herein. Doch an den hatten sie sich mittlerweile gewöhnt.

»Nun schau dir das an. Das wird nie im Leben ein Kuchen. Noch nicht einmal für Gespenster.« Ines besah sich die Kuchenform mit diesem verschrumpelten Teighäufchen.
»Weißt du was«, freute sich Sascha, »wir haben so viel Kuchen für die Kommunion gebacken. Niemand wird merken, wenn ich einen weghole und ihn den Gespenstern gebe.«
Das war eine wirklich tolle Idee, fand Ines.
Ja, das war sie auch.

Krumel, Krümel, Kirchenmaus

*Ein halbes Pfund Salz,
ein großes Glas Schmalz,
zehn Eier recht bunt,
vom Mehl so ein Pfund
und Zucker und Zimt,
auch Essig bestimmt.*

*Doch halt –
der Kuchen nur gelingen kann,
rührt ihn ein Geist im Mondschein an
und spricht die Zauberformel:*

*Krumel, Krümel, Kirchenmaus,
mach mir 'nen Kuchen draus.*

Wie ein Geistergewand gemacht wird

»Wenn ich doch nur anziehen könnte, was ich wollte«. Mia zerrte an ihrem wallenden Gewand herum. »Warum muss ich nur solch einen Umhang tragen? Der ist ja ganz grauenhaft und fürchterlich.«
»Fängst du jetzt schon wieder damit an? Denk mal an den Pfarrer.« Horrie M. schüttelte den Kopf.
»Aber sein Umhang ist nicht durchsichtig wie meiner.« Mia besah sich von oben bis unten.
»Schon richtig. Sonst würdest du sehen, was für Unterhosen der Pfarrer gerade trägt. Nicht auszudenken.« Da stellte sich Mia den Pfarrer im durchsichtigen Gewand vor und begann laut zu lachen.
»Du bist ein fürchterliches Ding«, meinte darauf Tante Aldora.
»Ding her, Ding hin! Ring ding.«

Doch wie werden sie eigentlich gemacht, diese Geistergewänder, ohne die ein Gespenst kein richtiges Gespenst ist?

Zwanzig kleine Sonnenrädchen
weben aus den Mondscheinfädchen
für das kleine Geistermädchen
ein Gespensterkleid,
ellenlang und weit.

Dreißig dicke Spukgestalten
kann man für Gespenster halten,
bügeln alle Knitterfalten
im Gespensterkleid,
in ganz kurzer Zeit.

Und da waren doch noch...

Vierzig schwarze alte Raben
fressen dicke Küchenschaben,
weil sie solchen Hunger haben.

Fünfzig dicke Raupenpärchen
kämmen ihre Seidenhärchen,
denken an ein Wintermärchen.

Sechzig fette Kugelblitze
kullern in der Affenhitze,
rätseln über Geisterwitze.

Siebzig große Donnerwetter
werden täglich immer fetter,
schicken uns ein Sommerwetter.

Achtzig wunderschöne Träume
hängen im Geäst der Bäume,
denn sie mögen grüne Räume.

Neunzig schnelle Geisterbahnen
sind geschmückt mit bunten Fahnen,
rasen mit den Ururahnen
zum geheimen Ort –
und dann sind sie fort.

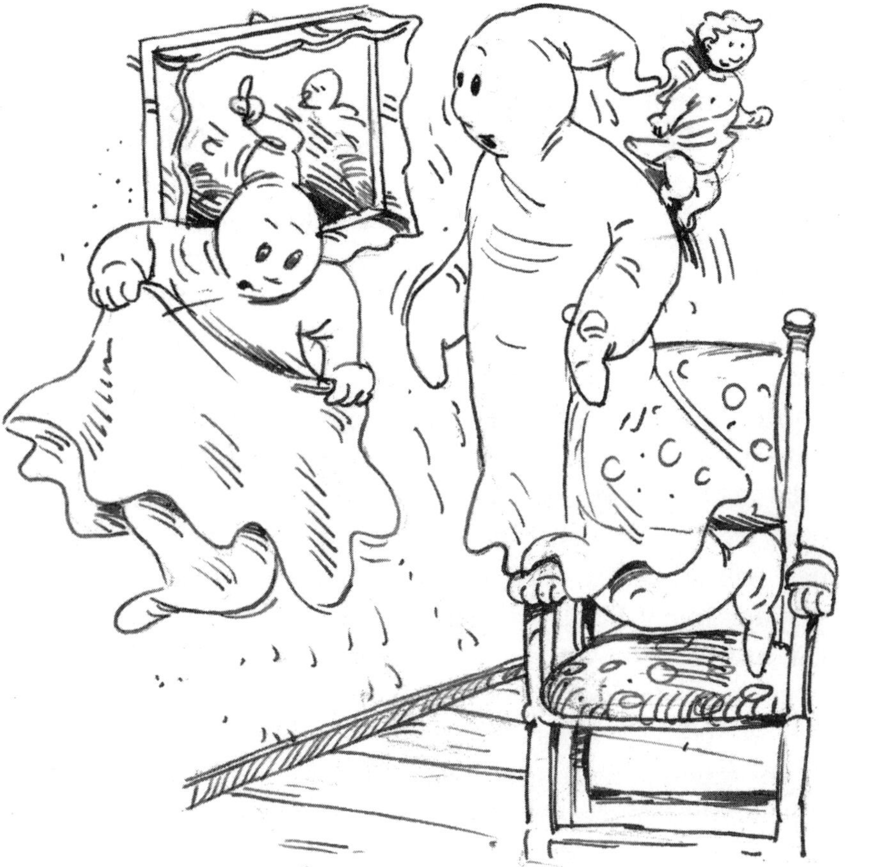

Larifari

Larifari, Speck und Mäuse,
Hühnerfett und Apfelbrei,
Schwalbennester, Kugelläuse –
gute Geister, kommt herbei!

Mia murmelte den Spruch jetzt schon dreimal leise vor sich hin. Aber es passierte rein gar nichts. Vielleicht sollte sie lauter sprechen?
»Larifari...« Nichts! Oder hieß der Spruch anders?
»Larifari, Hund und Schlange, Tee und Würmer?«
Jetzt probierte sie es mit Brüllen: »Larifari, Strumpf und Schnecke... Larifari, Mäusedreck... Ziegenknittel... Malerkittel...« – »Um Himmels Willen! Was soll das denn?«, rief Tante Aldora. – »Ich probiere nur, andere Gespensterkinder herzuzaubern. Aber niemand kommt.«
»Mit solchen Sprüchen kann auch niemand erscheinen. Wer fühlt sich schon von Mäusedreck angesprochen? Wohl keiner, wie du siehst. Außerdem gibt es deinen Bruder Willi.«
»Immer nur Willi! Das ist doch langweilig.«
Da musste Mia an die beiden Kinder denken. Vielleicht stolperten die noch irgendwo in der Kirche herum. Das waren zwar nur Menschen, doch vielleicht war auch mit ihnen etwas anzufangen.
Also schwebte sie zurück zur Sakristei, denn dort hatte sie die zwei zuletzt gesehen. Das war gestern beim Teigrühren gewesen. Sie musste sowieso mal nachsehen, was aus dem Kuchen geworden war. Wahrscheinlich hatten die Kinder ihn aufgegessen.
Mia ärgerte sich jetzt schon gurkengrün und kürbisschwarz – äh – kürbisgelb.

Klamottentausch

Treppe hoch, Geländer runter. Und weil es solchen Spaß machte, schwebte Mia nochmals hoch. Aber da sah sie Willi kommen.
»Sei mal leise. Hörst du das? Ich glaube, die zwei Kinder von gestern sind wieder da.«
»Gut«, antwortete Mia, »die suche ich gerade.«
»Wieso? Gestern hast du dich noch vor ihnen versteckt.«
»Gestern war gestern und heute ist heute. Also komm mit.«
Mia huschte vor Willi her und gab Acht, dass sie nirgends hängen blieb.

»Meinst du, wir sollen den Kuchen erst selbst probieren?«, wollte Sascha wissen. Er drehte die Form vorsichtig hin und her.
»Nein, wer will schon einen angebissenen Kuchen.« Damit hatte Ines sicher Recht.
»Mir würde das nichts ausmachen«, behauptete Sascha glatt, obwohl jeder wusste, dass das nicht stimmte.
Mia und Willi, die kleinen Gespenster, dachten genauso.
»He«, riefen sie deshalb, »das ist unser Mondkuchen. Ihr frechen Gestalten – lasst gefälligst die Finger davon.«
Ines sprang in die Höhe, als hätte sie auf einen Regenwurm getreten. Sascha verschluckte sich am Kuchenkrümel und vergaß sogar, einen Hustenanfall zu bekommen.
Dieses Mal lachten die Gespenster Mia und Willi.
»Haben wir euch etwa erschreckt?«, fragte Willi scheinheilig.

»So richtig schön gespensterfürchterlich? Aber wir sind es nur, Mia und Willi«, kicherte Mia.
Sascha nickte: »Wo seid ihr überhaupt?«
»Wir sind überhaupt und so und irgendwo und nirgendwo und überall auf Knall und Fall.«
Allmählich beruhigten sich Sascha und Ines, denn das klang genauso wie bei Menschenkindern.
»Also, wir heißen Sascha und Ines. Wir sind Menschen und keine Geister. Es wäre gut, wenn ihr euch jetzt endlich einmal zeigen würdet.«
»Ganz richtig, ich habe noch nie Geister gesehen. Vielleicht gibt es euch gar nicht und ihr gebt nur irgendwie mächtig an!«
Ines hatte jetzt allmählich die Nase voll von diesen Gespenstern, die man noch nicht einmal sehen konnte. Die allerhöchstens als Nebel durch die Gegend schwebten. Das war aber auch alles.
»Ich denke, das liegt ganz einfach an unserem speziellen Umhang. Der macht uns unsichtbar – oder fast. Seht her.« – Mia begann herumzutanzen und ließ sich dann – als Nebelschleier – von der Decke auf den Boden gleiten.
»Ohhh!«, staunte Ines.
»Mensch!«, rief Sascha.
»Nein, nicht Mensch! Geister!«
»Aber wenn ihr den Umhang auszieht, müsste man euch doch sehen.« Ines kniff die Augen zusammen.
»Eben nicht, dann sind wir total weg und fort.«
»Das möchte ich morgen mal sein, in der dritten Stunde«, wünschte sich Ines.
»Warum?«

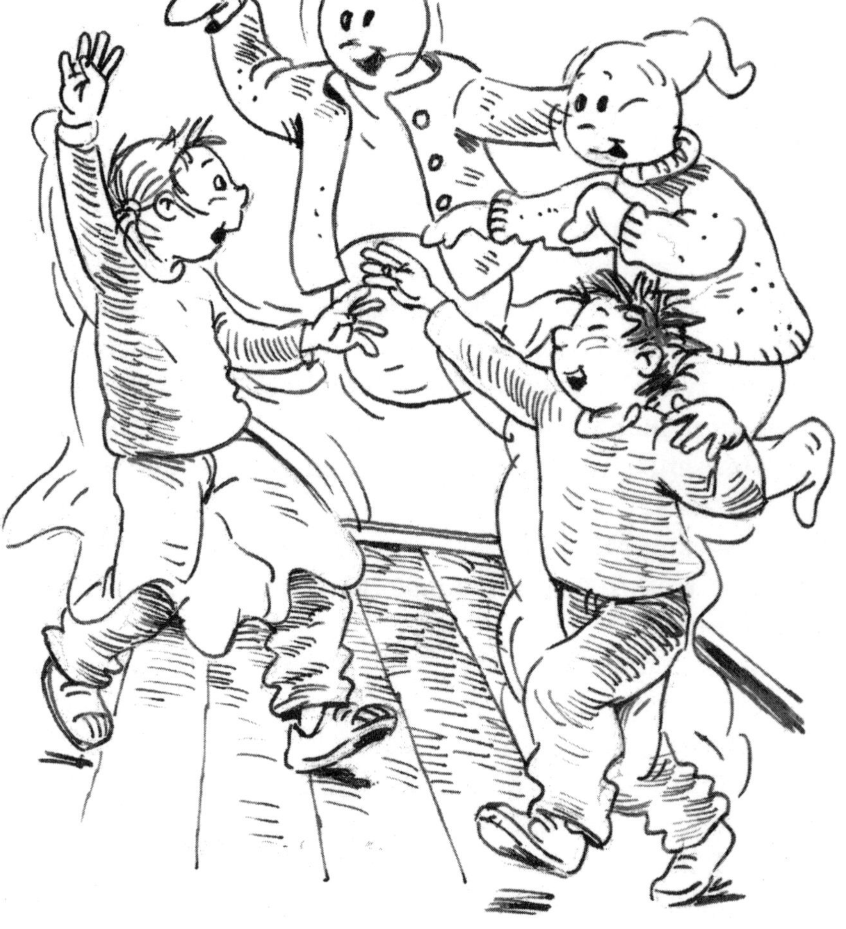

»Weil wir da das blöde Diktat schreiben, deshalb. Sag nur, hast du das ganz vergessen?«

Sascha schüttelte den Kopf. Natürlich hatte er es nicht vergessen. Er hatte nur nicht mehr daran gedacht. Das wäre ihm schon früh genug wieder eingefallen. Spätestens morgen in der dritten Stunde.

Aber jetzt dachte er an etwas ganz anderes. Jetzt hatte er eine Idee.

»Können wir nicht mal euren Umhang ausprobieren? Mal sehen, ob wir dann auch unsichtbar werden. Ihr bekommt dafür unsere Jacken.«

Das war natürlich d i e Gelegenheit! Besonders Mia konnte nicht schnell genug ihren Umhang loswerden. »Gib her, gib her«, schrie sie. Geisterschnell war sie in Ines Jacke. Ines verschwand in Mias Mantel. So dachten es sich die zwei. Von wegen Verschwinden! Ines verschwand überhaupt nicht. Sie sah nur aus, als käme sie in einer aufgeblasenen Wolke daher. Dick eingehüllt wie in einem Wattebausch.

Dafür sprang Mia jetzt als blaue Jacke herum, die mit den Ärmeln winkte. Aber sonst war nichts von ihr zu erblicken.

»Ihr seht vielleicht aus!« Willi lachte ein lautes Gespensterlachen. Dann tauschte auch er mit Sascha die Klamotten.

Jetzt hüpften zwei Kinder in Schleierwolkenmänteln in der Kirche herum und zwei Kinderjacken schwebten um die Kanzel.

»Menschenkleider sind schwer!«

»Gespensterumhänge merkt man gar nicht.«

Natürlich musste ausgerechnet jetzt der Pfarrer auftauchen, um seine Brille zu suchen.

»Wo in Gottes Namen habe ich sie nur gelassen?«
Ohne seine Brille ging nichts mehr. Deshalb sah er auch diese schwebenden und hüpfenden Figuren in seiner Kirche nicht. Er suchte hinter dem Altar, er suchte vor dem Altar. Er bückte sich, um unter den Altar zu sehen und er streckte sich hoch, um an den Kerzenleuchter zu kommen. Da kam wie von Geisterhand seine Brille angeflogen. Sie hing mitten im Raum, scheinbar an einem langen, unsichtbaren Faden. »Merkwürdig,« murmelte er und polierte die Gläser mit der Innenseite seines Hemdsärmels blank.
Natürlich hing die Brille an keinem Faden und schwebte auch nicht im Raum herum. Aber der Pfarrer war sich hundertundzweimal sicher, dass es so und nicht anders sein musste.
Das jedenfalls erzählte er später nicht nur seinem kopfschüttelnden Küster, sondern jedem, der es hören wollte oder nicht.
Für die Menschen- und Geisterkinder war es natürlich ein wahres Glück, dass er so dachte. Sonst hätte er unter Umständen doch noch die Wahrheit herausbekommen. Aber wer würde die schon glauben?

Wer glaubt an Gespenster,
an Geister und Feen?
Die gibt es doch gar nicht,
die kann man nicht seh'n.

    Doch vieles,
    das man nicht sehen kann,
    das gibt es doch!
    Nur – glaub' daran.

Da gab es übrigens noch einen anderen Geisterspruch:

Nebelbänke,
Küchenschränke,
große breite
Pferdetränke.

Wolkenschwaden,
Bäckerladen,
dicke fette
Fußballwaden.

Geistersprüche,
Wohlgerüche
aus der alten
Zauberküche.

Und dann meldete sich schließlich noch der Wetterhahn zu Wort:

Ja, ja sprach dort oben
der fette Wetterhahn,
ich will die Welt bereisen
im Bus und mit der Bahn.
Doch ich bin festgelötet,
das ist der reinste Wahn.
Auch bin ich halb verrostet –
so wie ein alter Kahn.
Doch dreht der Wind mich schnell,
dann fahr ich Karussell.

Oh,
wie ist mir
schwin... schwin... schwindlig!

Was klebt denn da?

Onkel Reginald saß auf der Fensterbrüstung und schaute nur so in der Gegend herum. Was eigentlich gar nicht seine Art war.
»Wieso hockst du seit einer Viertelstunde dort oben und rührst dich nicht?«, fragte Tante Aldora. »So bequem kann das doch gar nicht sein. Außerdem ist der Platz ganz schön zugig. Du holst dir noch Gott weiß was für eine Erkältung.«
»Mir ist da etwas Sonderwunderkomischbares passiert. Darüber muss ich nachdenküberlegen.« Er machte eine kleine Pause und fuhr dann fort: »Ich komme von hier nicht wegfortwoandershin. Bin wie festleimgekleistert.«
»Oh«, rief Tante Aldora, »alle mal schnell herkommen! Onkel Reginald klebt auf der Fensterbrüstung fest.«
»Was suchst du überhaupt da oben?« Horri M. kam als erste herbeigeschwebt. Hinter ihr Mia und Willi. Auf Onkel Archibert mussten sie eine Weile warten, bis er endlich auftauchte. Er hatte nämlich gerade nachgesehen, ob seine Fensterläden noch unter dem Altar lagen und war nun zufrieden, dass alles in Ordnung war.
Tante Aldora brauchte gar nicht erst zu überlegen, um was es hier ging. »Wollte doch jemand ein Gespenst fangen?«
»Ja, das sieht mir ganz danach aus. Irgend ein Bösewicht hat Leim auf die Fensterbank geschmiert, um unseren armen Onkel Reginald zu erwischen.« Das war wirklich die absolute Höhe für Horri M.
»Hilfe, die Gespensterfänger sind unterwegs!«, rief Onkel Archibert fürchterlich laut. »Was machen wir jetzt?«
»Nur gut, dass wir es rechtzeitig genug bemerkt haben.

Wir werden dich aus dieser fürchterlichen Lage befreien«, versicherte Tante Aldora.

»Wenn ich diesen Pfarrer kriege. Und dabei tut er so, als glaube er noch nicht einmal, dass es uns Gespenster wirklich gibt,« schimpfte Horri M. weiter.

»Dieses hier ist eine furchtbar schlimme Tat«, stellte Tante Aldora fest. »Und womöglich hat auch der Küster mitgeholfen.«

»Richtig, wie sonst wäre der dicke Pfarrer allein bis zu dieser Fensterbank hoch gekommen? Da muss ihm der Küster die Leiter gehalten haben. Anders kann es nicht gewesen sein.«

So redeten die erwachsenen Geister ohne Unterbrechung für eine schrecklich lange Zeit. Mia und Willi standen stumm daneben. Bis endlich mal eine Pause entstand und Willi beginnen konnte: »Äh, könnte es nicht vielleicht auch etwas anderes gewesen sein?«

»Anderes – wie kommst du überhaupt darauf?« Onkel Archibert schüttelte den Kopf.

»Manchmal passieren doch auch Dinge, die nur am Anfang schlimm aussehen. Und dann sind sie es gar nicht.«

»Dann erklär uns das mal.«

Und Willi erklärte. »Also, da war jener Kaugummi, der auf einmal nicht mehr schmeckte. Weil ich aber nicht wusste, wohin damit und weil ich dachte, die Fensterbank ist ganz hoch, da... da habe ich den Kaugummi dort oben hingeklebt. Ich dachte nicht, dass er gefunden wird.«

»Das ist ein Pfuischämdichschweinkram«, schimpfte der festgeklebte Onkel Reginald. Aber irgendwie war er schon erleichtert.

Die anderen natürlich auch. Und Horri M. schaffte es sofort, ihn mit einem Fingerschnipser los zu bekommen.

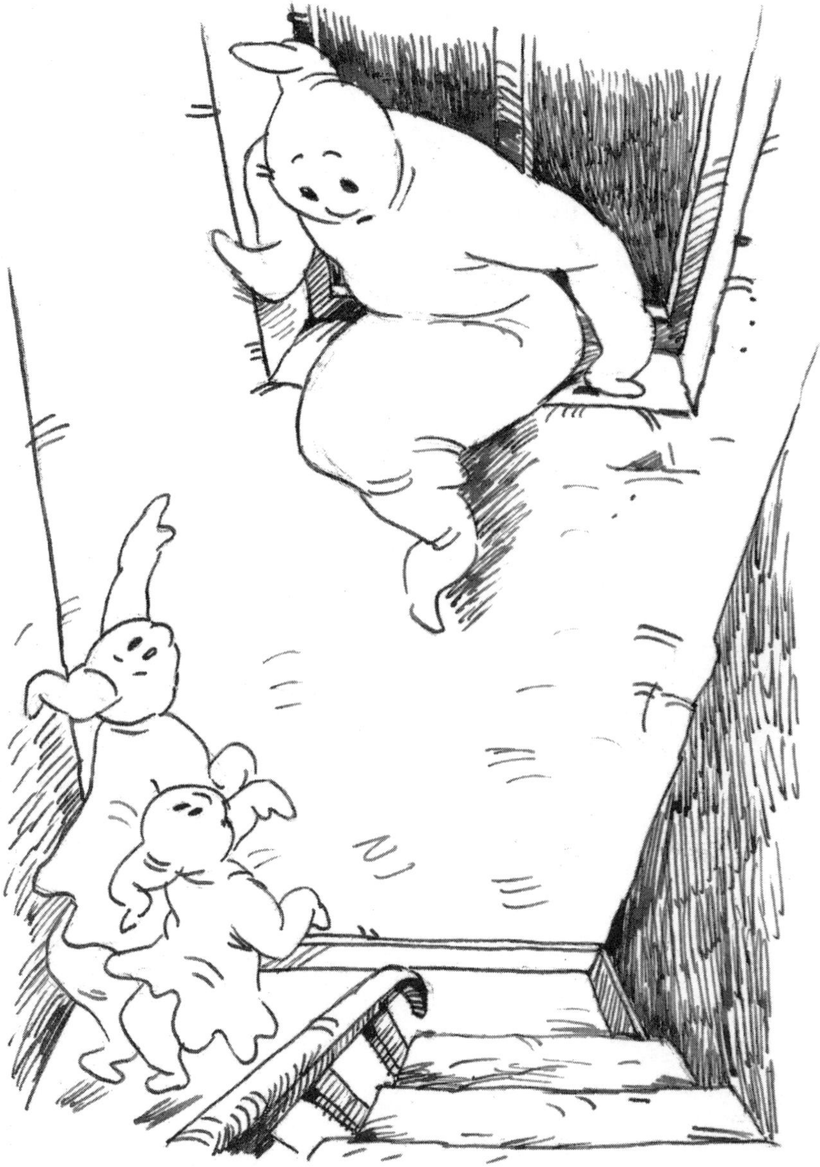

Gekonnt ist halt gekonnt. Sie hatte den Spruch, wie man festgeklebte Gespenster löst, nicht vergessen:

Geister, Geister – ihr seid frei,
Leim und Klebstoff zehn mal drei!

Bleibt noch die Frage, wie und wo Mia ihren Kaugummi losgeworden ist.

Ob das etwas hilft?

Willi schwebte hinter seiner Schwester die dunkle Treppe hinauf. Es roch ein wenig nach Moder und die Stufen waren nass und klitschig. Da war es schon gut, dass man nicht zu laufen brauchte. Wie ein vierfach geschwungenes S führte die Treppe hinauf bis zur großen Glocke. »Anfassen verboten«, stand dort auf einem Schild in Geisterschrift. Horrie M. hatte es vorsichtshalber aufgestellt.
Wenn die große Glocke geläutet wurde, dröhnte sie mächtig laut. Falls man da gerade in der Nähe war, konnte man meinen, alle guten Geister hätten das Weite gesucht.
»Wieso sollte man die Glocke denn nicht mal berühren?«, dachte Willi. Er würde schon nichts kaputt machen.
Aber dann entdeckte er auch ein anderes Schild – ebenfalls in Geisterschrift, das Onkel Reginald angebracht hatte. Es hing direkt unter der Glocke und lautete:

Das Einfangen von Geistern ist strengstens verboten. Es dürfen weder kleine noch große Geister gefangen werden. Auch keine dicken und schon gar keine dünnen. Das ist am Tag und bei Nacht nicht erlaubt und gilt für Menschen und Tiere, Riesen und Zwerge oder andere schreckliche Wesen. Ende!

Er musste Onkel Reginald einmal fragen, was »andere schreckliche Wesen« waren. Darunter konnte er sich nichts vorstellen. Außerdem fand er das Schild viel zu lang und zu umständlich. Hatte jemand Lust, so etwas zu lesen? Für wen war es überhaupt bestimmt?

Kein Mensch konnte die Geisterschrift entziffern. Das war wieder mal typisch Onkel Reginald. Hätte er nicht einfach – in normaler Schrift – schreiben können:

Bitte keine Geister einfangen!!!

So klang das auf alle Fälle viel netter. Ob es wirklich etwas half, war eine andere Sache.
Denn Dinge, die einem verboten werden, reizen bekanntlich am allermeisten.

Wie man ein Gespenst fängt

Über eines sollte man sich erstens sicher sein: Nämlich, dass es welche gibt. Und, zweitens, auch dort, wo man sie fangen will.
Es gibt welche, die fühlen sich wohl in Scheunen und Schuppen. Die nennt man Holzgeister. Andere fühlen sich daheim in alten Schlössern und Burgen. Solche heißen Treppenspuk. Auch in Bäumen und tiefen Tälern hat man sie schon gesehen. Das sind die Waldgespenster. Einige lieben die Berge, die Gipfelgeister. Etliche lassen sich auch von wilden Stürmen über das Meer tragen. Solche heißen dann Wellengespenster oder Schaumspukies.
Und da sind ja auch noch die Hausgeister. Die wohnen manchmal in alten morschen Schränken oder in Truhen oder Kisten. Meistens stehen diese Dinger auf staubigen Dachböden herum. Hier und da auch in Kellern. Aber da ist es meistens zu feucht. Gespenster können sich auch erkälten. Das ist besonders fürchterlich. Sie niesen so laut und heftig, dass schon Mauern eingestürzt oder zumindest die Türen aus den Angeln gefallen sind.

Na schön, das erklärt noch lange nicht, wie man Geister fängt...

Also, man kann es mit Netzen und Ketten probieren oder mit Leim. Den schmiert man irgendwo hin und wartet. Kommt kein Gespenst, dann muss man sich was anderes einfallen lassen.
So zum Beispiel, den Geist zu ködern. Dafür braucht es Rosinenbrot. Allerdings sollte das ganz frisch gebacken aus dem Ofen kommen.

Der Zauberspruch dazu lautet:

*Rosinenbrot um Viertelacht
fängt uns den Geist um Mitternacht.*

Manche Gespenster fürchten sich auch vor Licht und Geschrei und Regen. Mit denen muss man ganz lieb und sanft sprechen. Natürlich darf man da selbst keine Angst haben. Denn sonst laufen sie weg und verstecken sich in ganz spuksicheren Verstecken. Und die zu finden, ist dann wirklich gespenstermäßig schwer.
Es gab da auch einmal einen Spruch zum Gespensterherbeilocken. Der ging etwa so:

*Hadefeist,
husch und hier,
lieber Geist,
komm her zu mir!*

Dann kommen sie. Jedenfalls meistens.

Im Grunde ist die Sache nicht einfach, sondern ganz, ganz schwierig. Probieren kann man es aber auf jeden Fall.
Aber da gibt es noch ein Problem. Braucht man überhaupt ein Gespenst? Wenn ja, wozu? Für was sind Gespenster nötig?
Manchmal möchte man ganz einfach nur eines haben. Doch dann weiß man mit ihm gar nichts anzufangen. In diesem Falle wäre aber solch ein Geist am Ende ganz schlimm traurig. Er würde unter Umständen gar nicht mehr richtig spuken können. Und das wäre furchtbar für ihn.

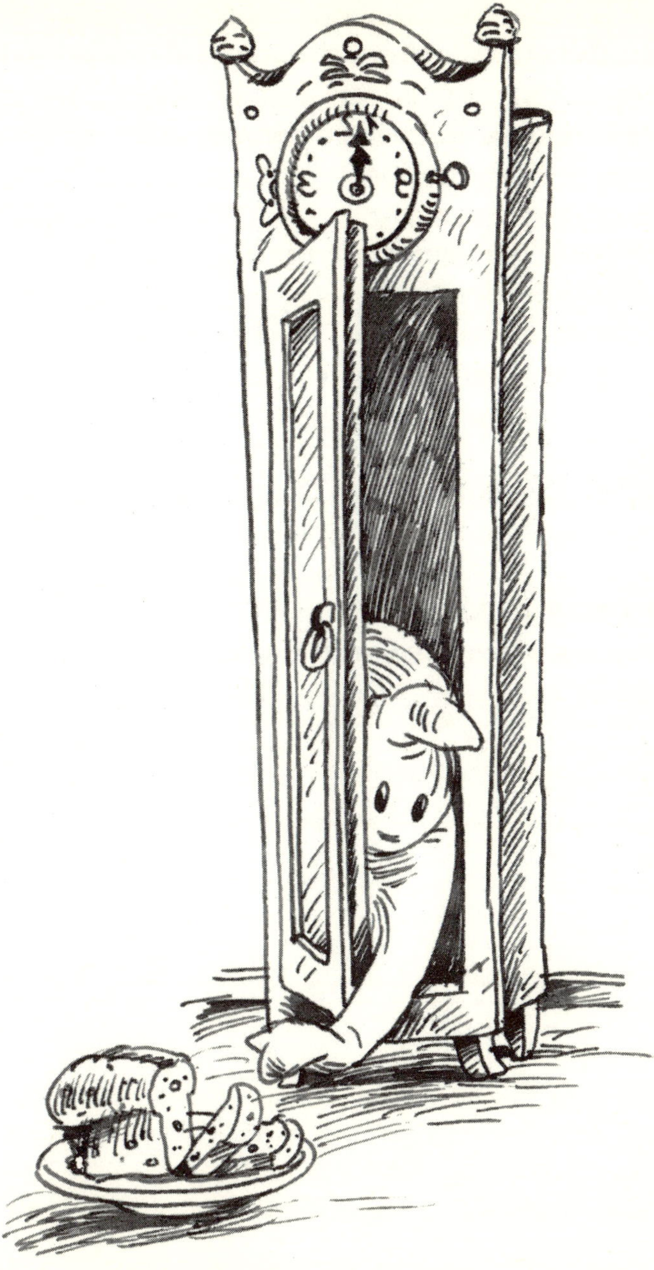

Wenn man aber ein Gespenst als Freund haben möchte, dann ist das etwas anderes. Denn einen Freund zu haben, ist Klasse, auch wenn er ein Geist ist. Dabei spielt es keine Rolle, ob andere ihn sehen können oder nicht. Hauptsache, man weiß es selber.

In meinem alten Kleiderschrank,
ganz hinten in der Ecke,
da kramt mein Freund des Nachts herum
und sucht nach einer Decke.

Warum?
Er braucht die ganz einfach. Denn wenn er sich darin eingemummelt hat, fallen ihm immer die schönsten Geschichten ein. Das ist nämlich die reinste Gespenstergeschichteneinfalldecke.
So nennt sie jedenfalls Onkel Reginald.

Was der Mond so alles zu sehen bekommt

In der Nacht,
in der Nacht,
wenn der Mond kein Schläfchen macht,
schaut er fort,
schaut er dort
zu irgendwelchem Ort.

Sucht er hier,
sucht bei mir,
so bis etwa um halb vier.
Sieht zur Uhr –
zu wem nur,
will er auf seiner Tour?

Ach so, er will wissen, was die Gespenster treiben. Da wird er halt höchstpersönlich in den Glockenturm schauen müssen. Dort sind sie alle beisammen und schlottern und frieren um die Wette.

Im Glockenturm, da ist es kalt.
Hört ihr die Geister singen?
Das klingt bis in den Wald,
wo alle Tiere springen.
Dem Regenwurm wird ganz bang,
so fürchterlich ist der Gesang.

Ach es friert mich soooooo –
am Gespensterpopo.

Vom großen Wunsch

»Warum kneifst du deine Augen so fest zu? Da kannst du doch gar nichts sehen?« Onkel Archibert blickte erstaunt auf Mia.
»Onkel Archi, stör mich bitte nicht, denn ich wünsche mir gerade etwas.«
»Und dazu muss man die Augen so fest zumachen? Geht das nicht auch irgendwie anders?«
»Nein, denn ich wünsche mir etwas ganz toll Wichtiges. Und ich möchte, dass es in Erfüllung geht. Ich glaube fest daran.« Mia hatte die Augen immer noch zu.
»Das muss wirklich ein großer Wunsch sein. Verrätst du mir wenigstens, um was es geht oder ist das zu neugierig von mir?«
»Eigentlich darf man das nicht, Onkel Archi. Aber wenn du mir versprichst, dass du es keinem weitererzählst, sage ich es.«
»Versprochen. Großes Geisterehrenwort.«
»Also«, Mia machte die Augen langsam wieder auf,
»ich wünsche mir, dass es immer nur Nacht ist und ich dann ständig spuken kann. Denn ich habe keine Lust mehr, mich jeden Morgen vor der Sonne zu verstecken. Dann wünsche ich mir, dass die beiden Kinder hier in der Kirche mit mir wohnen bleiben für immer und ewig. Dass sie zu Gespenstern werden und meine Freunde sind. Natürlich auch für immer und ewig.«
»Mein liebes Fräulein Spukgespenst. Das ist ein ganzer Sack voll Wünsche. Und einige, das muss ich dazu sagen, sind leider unmöglich zu erfüllen.«
»Aber wenn ich doch fest daran glaube? Dann müsste es doch klappen?«

»Die können einfach nicht in Erfüllung gehen, da kannst du glauben, soviel wie du willst.« Onkel Archibert schüttelte seinen Kopf.
»Manchmal passieren auch Wunder«, meinte Mia leise. Davon hatte sie schon viel gehört.
»Ja, das stimmt. Doch immer nur Nacht zu haben, das geht wohl nicht.«
»Warum?«, bohrte Mia weiter.
»Nun, das wäre sicher schön für dich. Aber denk mal an die vielen Menschenkinder. Das würde ihnen bestimmt nicht gefallen. Sie lieben die Sonne. Sie brauchen ihr Licht und ihre Wärme.«
»Na gut. Aber was ist mit den anderen Wünschen?« So leicht gab sie sich nicht zufrieden.
»Überleg doch noch einmal. Kein Kind möchte immer in der Kirche wohnen. Es ist sicher schön und wichtig, von Zeit zu Zeit hierher zu kommen. Doch immer hier zu leben, das geht einfach nicht. Kinder müssen manchmal toben und lärmen. Ist das vielleicht in einer Kirche möglich?«
»Willi und ich toben manchmal herum.«
»Ihr zwei seid halt Gespenster.«
»Eben, und deshalb können Sascha und Ines doch auch zu Gespenstern werden. Was ist damit?«
»Also, ich weiß nicht. Du willst einfach etwas über ihren Kopf bestimmen, nur weil es dir gefällt. Hast du sie denn überhaupt gefragt?« Onkel Archi runzelte die Geisterstirn und fuhr dann fort: »Doch das mit den Freunden, das könnte vielleicht hinhauen.«
»Na wenigstens etwas.«
»Was heißt wenigstens? Das ist ein sehr großer und wichtiger Wunsch. Der könnte sicher in Erfüllung gehen.«

»Dann werde ich noch einmal fest daran glauben. Und auch daran, dass Sascha und Ines zu mir kommen und mich sehen können.«
Mia schloss wieder ihre Augen und drückte die Lider fest zusammen. Nicht das allerkleinste Blinzeln war zu sehen. Bis sie nach einer Weile merkte, dass sie jemand anschaute. Und da blinzelte sie vor lauter Neugier dann doch ein wenig. Sascha und Ines standen da und wirkten ganz erschrocken. »Was machst du denn da?»
«Ach, ich habe mir gerade was gewünscht.»
»Und?«, fragte Ines, »ist es in Erfüllung gegangen?«
»Ich denke schon«, lachte Mia.
Sascha und Ines wunderten sich: »Mia, weißt du eigentlich, dass wir dich ganz, ganz genau richtig sehen können?«
»Tatsächlich?«, lachte Mia.

Freunde zu haben ist ganz schön wichtig,
darum ist Mias Wunsch auch superrichtig.
Denn ohne sie,
da sitzt man bloß,
irgendwo,
als Trauerkloß.

Wie dieser Vielfraß in nachfolgender Geschichte...

Es war einmal ein Kloß, der saß nur einfach so herum und machte sich immer dicker und fetter. Eines Tages war er so dick, dass er nicht mehr durch die Zimmertür passte. Das war fürchterlich schlimm, dauernd eingesperrt zu sein. Nirgends konnte er mehr hin. Aber etwas war genauso furchtbar oder sogar noch fürchterlicher: Keiner kam ihn mehr besuchen. Denn keiner hatte mehr Platz im

Zimmer. Es war voll mit diesem Kloß, der dasaß und immer nur wehklagte und heulte.

»Oh, wie ist es fürchterlich. Ach wie ist das Leben grauenhaft. Ich weiß gar nicht, was ich noch machen soll. Schrecklich fühle ich mich.«

Jeden, aber auch jeden Tag saß er einfach nur so da und bedauerte sich über alles: »Mir geht es am allerallerschlimmsten auf der ganzen Welt!«

Bis eines Tages das Gespenst Willi an sein Fenster klopfte und rief: »He, du vor Fett und Langeweile triefender Klops. Hättest du nicht Lust, die große Welt anzuschauen?«

»Was gibt es denn da zu sehen?«

»Nun ja, Felder, Wiesen, Wasser, Seen, Bäche, Meere,

Tiere, Menschen, Schiffe, Autos, Häuser, Brücken, Berge, Flugzeuge, Heuschrecken ...« – Da ging Willi die Luft aus.
»Warum gerade Heuschrecken?«
»Die sind mir nur einfach so eingefallen«, entgegnete Willi. Was auch stimmte.
»Würde mich schon alles sehr interessieren. Aber ich komme doch nicht mehr durch die Tür. So bleibe ich halt lieber hier sitzen.«
»Du stinkst ja vor Langeweile«, rief Mia, die gerade vorbeikam und das alles leid war.
»Vielleicht passt du durch das Fenster. Komm, reiche mir deine Hände.« Willi zog und zog, bis ihm Mia mit einer guten Idee zu Hilfe kam.
»Denk an alles, das dünn ist. Bohnenstangen, Drahtkleiderbügel oder Strohhalme und Stricknadeln. Oder auch Streichhölzer und meinetwegen ungekochte Spaghetti.«
»Ich denke an Regenwürmer.«
»Die sind aber dick.«
»Ich denke an Regenwürmer, die Hunger haben. Und die nach Erdbeeren oder Tomaten suchen«, sagte der Trauerkloß und stöhnte.
»Auch gut«, rief Willi und zerrte... pluuuppps ... schön langsam... den Trauerkloß durch das Fenster.
»Na siehste«, rief Mia. »Man muss nur wollen.«
Von diesem Tag an ging es dem Trauerkloß richtig gut. Er besah sich die große weite Welt. Überall lief er herum. Jeder kannte ihn und wollte hören, was er von seinen weiten Reisen zu erzählen hatte. Doch das beste war, dass aus dem Trauerkloß ein netter, fröhlicher, lustiger Knödel geworden war. Den jeder gern mochte.
Nun ja, nicht jeder. Aber doch viele. Und das war ja schon etwas.

Eine Superidee

Eines schönen Tages vor der Kommunion, da ging es rund. Blitze, Donner, Hagel, kübelweise Regen und nochmals Regen. Die ganze Kirche drohte, ein Schlammbad zu nehmen. Der Wind blies um alle vier Ecken und wollte überhaupt nicht mehr aufhören. Die Wassermassen flossen zu einer Riesenpfütze, direkt vor dem Eingang, zusammen. Die Pfütze machte sich wahnsinnig groß, so dass sie beinahe zum See wurde. Und als dann der Regen noch in Schnee überging, war es eigentlich falsch, von einem schönen Tag zu sprechen.
»Das darf doch nicht wahr sein«, murmelte Horri M. »Und morgen ist die Kommunion. Arme Kinder!«
»Bei diesem Wetter wird die Kommunion möglicherweise ausfallen müssen. Mein Gott, wie ist das fürchterlich!« Onkel Archibert schaute ratlos aus dem Kirchenfenster.
»Aber das geht doch nicht!«, flüsterte Mia entsetzt. »Die Kinder wollen doch ihr großes Fest feiern. Alles ist so schön vorbereitet.«
Doch das Wasser schwappte schon fast bis zur Kirchentür. Traurig sah auch Willi in die Pfützenlandschaft. »Da sehe ich Probleme. Wie sollen da die Menschen in die Kirche kommen.«
»Und was machen wir hierundnun?«, fragte Onkel Reginald dazwischen.
»Ja, was machen wir?«, rief auch Mia.
»Also, die großen Regenwolken zustöpseln, das können wir leider nicht. Und es geht auch nicht, die Pfützen einfach zuzuschütten.« Auch die sonst so gescheite Horri M. wusste momentan anscheinend keinen Rat.

»Aber ihr zwei habt doch sonst immer Einfälle. Warum denn nicht auch heute?«
Tante Aldora stellte sich das so einfach vor, dachten Willi und Mia gleichzeitig. Doch sie ließen sich dadurch nicht aus der Ruhe bringen und überlegten weiter.
Just in dem Moment, als es einen lauten Donnerschlag gab, kam Willi die rettende Idee. »Und was haltet ihr von Fensterlädenbrücken?«, rief er mit blitzenden Augen.
Doch keiner wusste, was er damit meinte.
»Um Himmmelswillen« – ausgerechnet jetzt machte der Junge Scherze. Horri M. konnte es nicht fassen.
Doch Willi blieb ganz ruhig: »Ich meine jene komischen Fensterläden aus unserer alten Wohnung, die Onkel Archibert hierher mitgeschleift hat. Erinnert sich denn keiner mehr an unseren Umzug?«
»Ach den, das ist aber schon eine Weile her.« Bei Horri M. wollte der Groschen noch immer nicht fallen.
Und auch Onkel Archibert hatte eine ziemlich lange Leitung: »Ich habe sie nicht mitgeschleift, mein Junge, sondern der Ostwind hat sie mir hinterher geweht.«
»Egal. Jedenfalls sind sie irgendwo hier«, mischte sich jetzt Tante Aldora ein. Sie hatte offenbar als erste begriffen, was Willi mit diesen komischen Dingern wollte.
»Wie interessant. Jetzt kommt plötzlich jemand auf die Idee, dass man mit ihnen etwas anstellen kann«, freute sich Onkel Archibert – obwohl er noch gar nicht wusste, um was es ging.
»Also, wir legen mit den Fensterläden eine Brücke über den Pfützensee. Dann können die Kinder mit ihren Eltern und Geschwistern trockenen Fußes in die Kirche kommen und Kommunion feiern. Die Omas und Opas natürlich auch.«

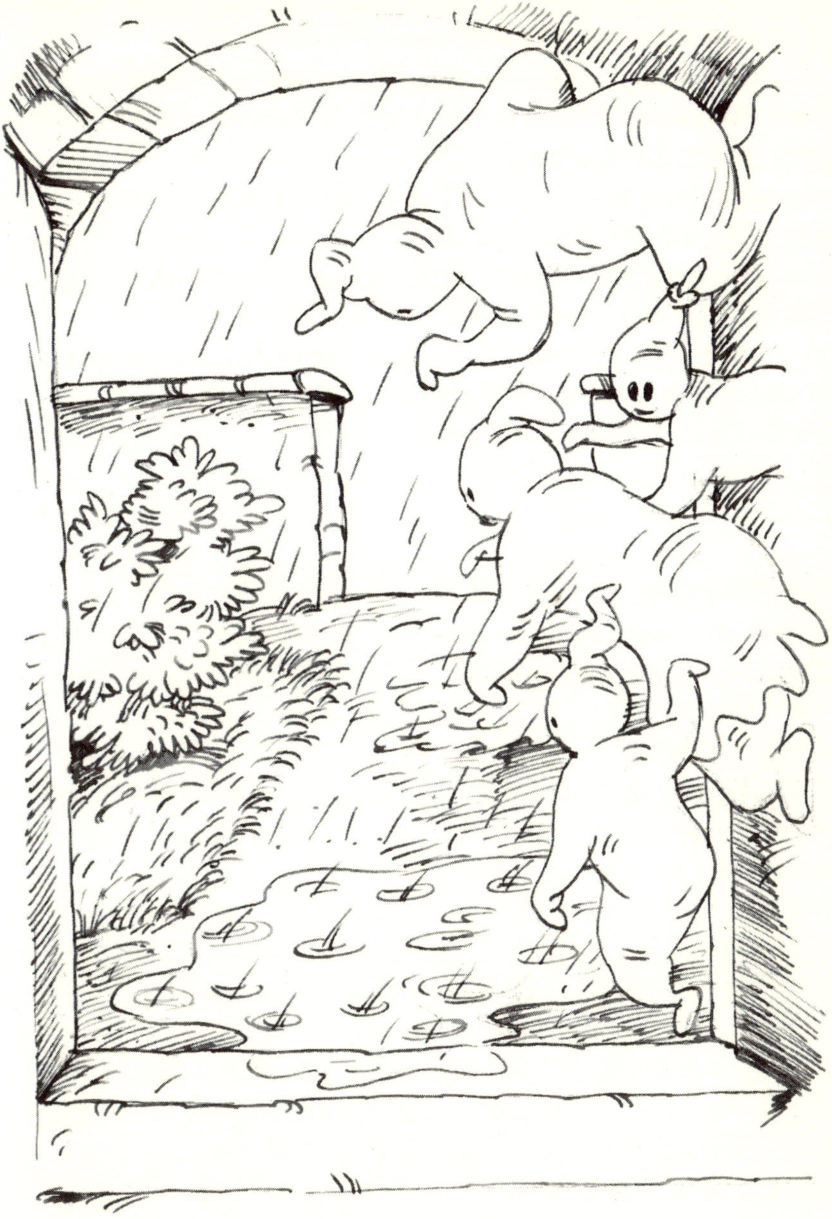

Alle starrten fassungslos auf Willi. Und der schaute ziemlich stolz von einem Gespenst zum anderen.
»Willi, das ist ja eine Superidee«, rief Mia und war sehr froh, dass ihr Bruder einen solch mordsmäßigschlauen gescheiten Einfall hatte.
»Großartig, dass du darauf gekommen bist.«
Und das war es auch wirklich.
Onkel Archibert freute sich am allermeisten. Denn er hatte sich schon lange darüber Gedanken gemacht. Nun war endlich klar, was mit seinen Fensterläden geschehen sollte. Sie waren also doch nützlich.
Was wäre nur ohne sie geworden!
Ja, was?

Der Wind, er dreht
von Ost nach West.
Der Wind, er weht
ums Vogelnest.

Der Wind von Süd
bläst nicht herum,
denn der ist müd'
und mausestumm.

> *Will sich nicht mehr bewegen:*
> *Aus ist der Regen!*

Willis »Denkerstufe«

»Das mit den Fensterläden hat prima geklappt«, dachte sich Willi. »Aber ich muss hundertprozentig oder gar tausendprozentig sicher sein, dass auch wirklich alle zur Kommunion kommen.«
Er saß die ganze Nacht über im Glockenturm und überlegte.
Dort oben befand sich seine »Denkerstufe«. Genau die siebenundvierzigste von unten war es. Man durfte die erste nicht mitzählen. Doch das tat er auch nicht. Die neunzehnte musste man ebenfalls überspringen, denn da fehlte ein Stein.
Willi zählte nur einwandfreie Stufen.
Schon hörte er Mia die Stufen hinaufschweben. Das heißt, normalerweise hörte man sie nicht. Im engen Glockenturm raschelte es höchstens ab und zu, wenn sie um die Wendeltreppenkurven bog.
»Stör mich ja nicht. Ich bin auf der siebenundvierzigsten Stufe.«
»Schon kapiert!«, rief Mia. Sie kannte ihren Bruder. Der wurde verdammt böse, wenn man ihn auf seiner »Denkerstufe« störte. Also verduftete sie lieber.
Um sich gut zu konzentrieren, beobachtete Willi den Wetterhahn, wie der sich im Wind bewegte. Jetzt begann auch die Glocke hin und her zu schwingen. Allmählich wurde sie immer schneller, bis der Klöppel sie berührte. Ding, dong – erklang es viermal hintereinander.
Vier Uhr am Morgen! Das war genau Willis Ideenzeit. Und schon wusste er, was zu tun war...
Jetzt hätte von ihm aus auch seine Schwester wiederkommen können.

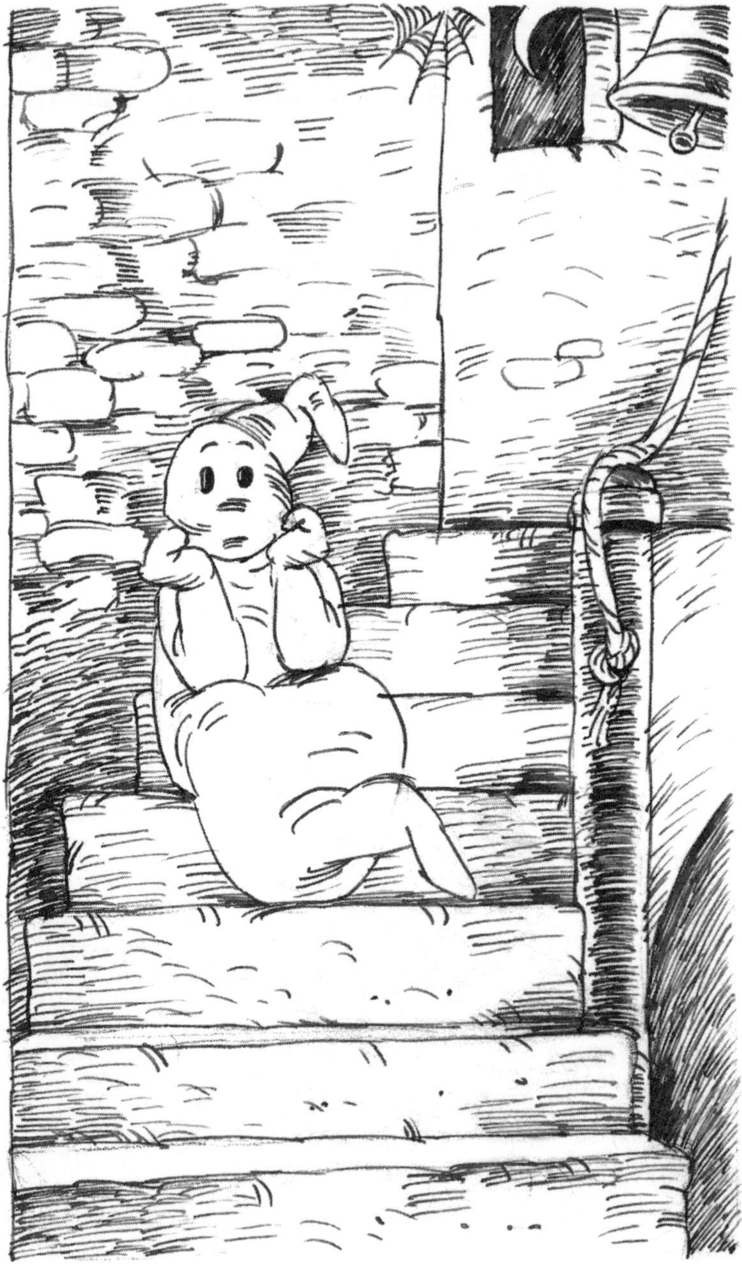

Aber die blieb verschwunden.
»Noch eine Stunde, dann werde ich dafür sorgen, dass jeder zur Kirche kommt. Ihr werdet schon sehen. Kein Kind soll seine Kommunion verpassen.«
Was ihm eingefallen war?
Nun ja, das wird sich bald zeigen. Bestimmt so etwas, wo man hinterher sagen muss: »Mein Gott, schon wieder dieser Willi!«

Mondsteinkuchen und Geistersaft

Zufrieden mit sich und seiner Idee sang Willi laut vor sich hin:

Wir sind die flotten Geister
und springen durch die Nacht.
Im Spuken sind wir Meister,
dafür sind wir gemacht.

Wir tanzen in den Gängen
und hüpfen auf das Dach.
Von unseren Gesängen
wird jeder Holzwurm wach.

Wir klopfen an Gemäuer,
geht da auch was entzwei.
Manchem ist das nicht geheuer,
doch uns ist's einerlei.

Wir essen Mondsteinkuchen –
schmeckt der auch grauenhaft.
Kommst du uns mal besuchen,
dann gibt es Geistersaft.

Ehrlich gesagt: Der Geistersaft schmeckt leider auch nicht besser als der Mondsteinkuchen. Irgendwie nach Blaubeeren, die im Salzwasser gelegen haben.
Man könnte allerdings Kichererbsen darauf schwimmen lassen. Vielleicht.
Aber ob die überhaupt schwimmen können? Bei diesen Dingern weiß man das nie so ganz genau.

Morgenstund' hat Gold im Mund

Dong, dong, ding, ding, dong! Laut dröhnte die große Glocke durch den frühen Morgen.
Das also war Willis geniale Idee gewesen...
Alle Menschen in Unterfeldhagen, ob sie nun alt waren oder jung, waren durch den Lärm aus dem Schlaf erwacht. Manche waren so erschrocken, dass sie aus dem Bett fielen. Andere schüttelten ihren Wecker oder warfen ihn an die Wand. »Mistding!«
Einige zogen sich ganz einfach die Decke über den Kopf. Und Sascha stöhnte: »Oh nein, dieser durchgeknallte Geisterwilli.«
Auch Ines wusste gleich, woran sie war. Nur Willi konnte so etwas anstellen und die Leute in aller Herrgottsfrühe aus dem Bett jagen. »Oh Willi!«
»Was soll denn das? Ist denn unser Küster von allen guten Geistern verlassen?«, schrie Herr Blasius in seinem Bett.
Eigentlich war gerade das nicht der Fall. Die Gespenster waren alle noch da. Nicht einer von ihnen hatte die Kirche verlassen.
Aber das konnte Herr Blasius natürlich überhaupt nicht wissen. Wie am Gummiband gezogen schnellte er im Bett hoch.
Es war gerade mal fünf Uhr morgens! Sonntag außerdem! Nein, nicht irgendein Sonntag! Weißer Sonntag! Kommunionssonntag!
Was dachten sich nur der Küster oder sein Chef, der Pfarrer? Mitten zur Schlafenszeit die Leute aufzuwecken und zur Kirche zu rufen! Wollte er etwa allen Ernstes jetzt schon die Erstkommunion feiern? Das wäre wirklich eine Zumutung – und nicht nur für die Kinder!

Wenn man allerdings die Sache recht betrachtete, musste man sich in letzter Zeit wirklich über den Pfarrer wundern. Erst fand er komische Lieder in den Gesangbüchern und wollte sie auch singen. Dann fantasierte er von seiner Brille herum, die angeblich in der Kirche herumgeschwebt war. Wahrscheinlich hatte er die einfach daheim vergessen. Doch das mit dem frühen Läuten war nun endgültig der Gipfel!
Herr Blasius hatte schon einiges erlebt und sich meistens nicht beschwert. Aber hier musste man etwas unternehmen. Nur was? Was tat man mit einem solchen Pfarrer?
Und diese Glocke gab einfach keine Ruhe. »Ding, dong«, dröhnte sie ohne Unterbrechung weiter.

Derjenige, über den sich Herr Blasius und die anderen Leute von Unterfeldhagen so aufregten, war inzwischen auch erwacht und wunderte sich. Das konnte doch wohl nicht sein! Das grenzte wirklich an... Ach... er wusste auch nicht an was. Merkwürdige Sachen passierten in seiner Kirche. Wenn man nicht wüsste, dass es keine Gespenster gab, könnte man glatt denken...
»Alles dummes Geschwätz!«, rief er laut vor sich hin, »das mit dem Geistergeschwafel der Kinder.« Man würde schon eine vernünftige Erklärung für dieses Morgenglockenläuten finden. Zweieinhalb Minuten später rannte er in Hausschlappen und Morgenmantel zur Kirche hinüber. Von der anderen Straßenseite kam der Küster im dunkelblauen Nachthemd herangeeilt.
»Was ist los? Gehen meine Uhren falsch?«
»Wir werden das gleich festgestellt haben«, erklärte der Pfarrer laut, obwohl er sich da gar nicht so sicher war.

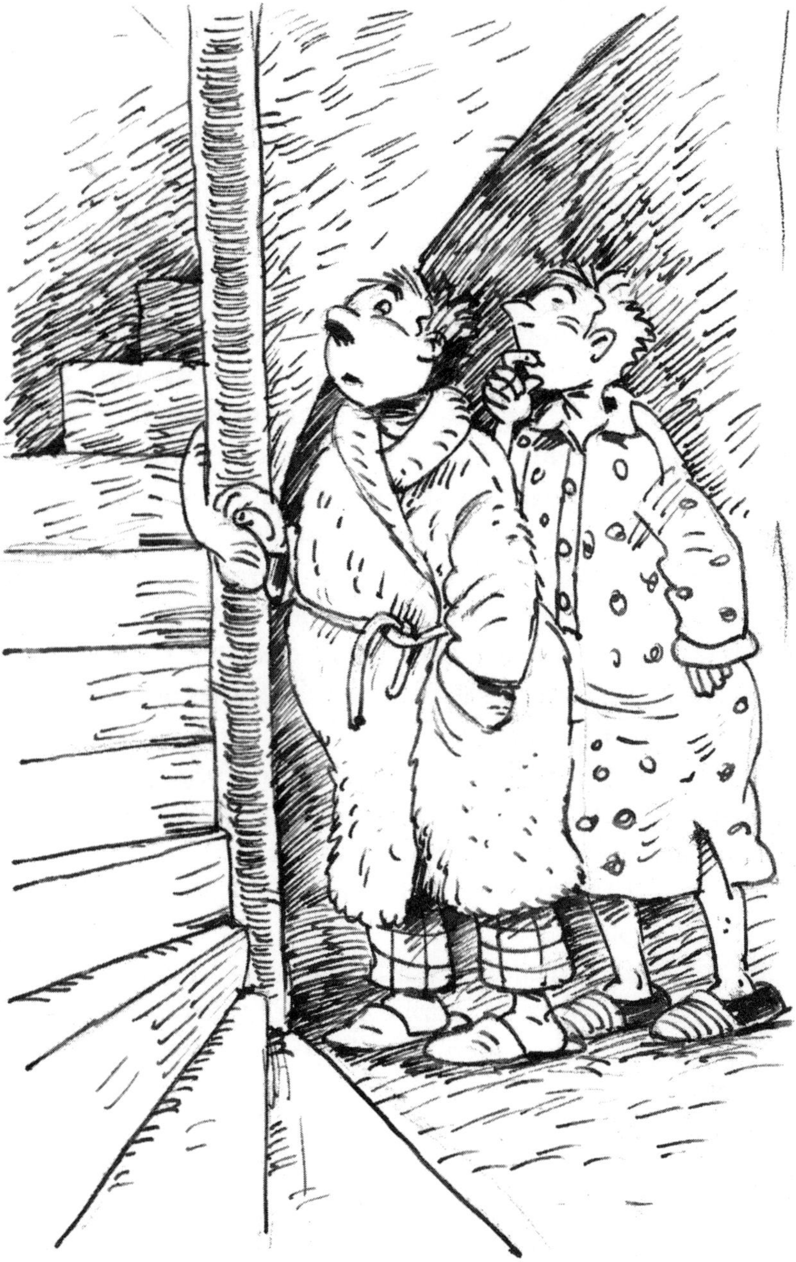

Doch er sagte das hauptsächlich zu sich selbst. »Nur keine Aufregung, mein Lieber«, beruhigte er sich. »Gleich werden wir wissen, was passiert ist.«
Dong... wie von Geisterhand angehalten, hielt die Glocke still.
»Nun hör sich einer das an«, murmelte der Küster. Obwohl es doch rein gar nichts zu hören gab.

»Oh endlich«, schnaufte Willi. Onkel Reginald war ihm zur Hilfe geeilt und hing wie nun wie ein schwerer, dicker Kartoffelsack am Seilende. »Himmeldonnerschlußendlichausgeläutenochmal!«, schimpfte er vor sich hin.
Wäre er kein Gespenst gewesen, hätte er sicher einen hochroten Tomatenkopf bekommen. Aber so war er einfach nur gurkensauer. Das aber krummrichtig.
Noch etwas dusselig und benommen ließ sich Onkel Reginald den Glockenturm hinabgleiten. Tante Aldora und Onkel Archibert sahen ihm voll Bewunderung dabei zu: »Meisterhaft! Glanzleistung!«
»Ach was, er hat auch schon mal beim großen Sturm das Gerüst an der Kirchenostseite festgehalten.« Horri M. konnte sich noch gut daran erinnern.
»Du bist echt stark, Onkel Reginald.« Mia war richtig fürchterlich stolz auf ihn.
Willi hatte sich in aller Heimlichkeit verdrückt. Er würde erst wieder so in einer Stunde wieder aufkreuzen. Da hatten sich alle ein wenig beruhigt. Das wusste er aus Erfahrung.

Mittlerweile hatten der Pfarrer und der Küster den Glockenturm erreicht. Erstaunt blickten sie nach oben. Nichts rührte sich, kein Ton, kein Mucks, kein Kichern,

kein Niesen – nichts. Still hing die Glocke und blitzte hell in den ersten Morgenstrahlen.
Nur der Wetterhahn beugte sich noch ein wenig neugieriger zur Seite als sonst. Doch wer achtete schon auf ihn? An seinen krummen Hals hatte man sich ohnehin längst gewöhnt.
»Geht heim, das war alles irgendwie ein großes Versehen«, beruhigte der Pfarrer einige Nachbarn. Die standen ungekämmt und noch im Schlafanzug vor der Kirche herum. »Die Kommunionfeier beginnt natürlich erst um Zehn.«
»Na gut«, meinte Herr Blasius, »aber komisch bleibt die Sache doch...«

Ist da vielleicht der Wurm drin?

»Da ist offensichtlich der Wurm drin. Wenn ich nur wüsste wo.« Mit ratlosem Gesichtsausdruck schaute der Pfarrer hinauf zur Glocke und schüttelte immer wieder seinen Kopf: »Was machst du nur für Sachen!«
Aber hinauf in den Turm, mit den vielen Stufen, stieg er dann doch nicht.
Und der Küster dachte erst recht nicht daran. Erstens kam das um diese nachtschlafene Zeit für ihn nicht in Frage. Außerdem brauchte ihn von unten niemand in seinem Nachthemd zu sehen. Er gähnte ziemlich laut und lange und das gleich viermal hintereinander.
»Ein Wurm drin...«, lachte Mia. »Hört sich ganz schön furchtbar fürchterlich an.« Sie begann zu singen:

Stell dir vor:
Aus dem heißen Ofenrohr
kommt ein ellenellenellenlanger
Wurm hervor.

Seht doch, wie er rennt,
weil sein Po anbrennt.
Und wie er riesenriesenriesennasse
Tränen flennt.

Gut, dass der Pfarrer das nicht hören konnte. Sonst hätte er vielleicht nicht nur nach einem kleinen Wurm, sondern nach einem großen Drachen gesucht...

*Ein Drachen, ein Drachen –
da kann man nur lachen.
Ein Zischen, ein Zischen –
du wirst ihn nicht erwischen.*

*Jetzt baumelt er am Glockenseil
und denkt, wie sind die dumm.
Bald fliegt er woanders hin
und schaukelt dort herum.*

*Spuckt tüchtig Gift und Feuer,
das Riesenungeheuer.*

»Was hättest du getan, wenn der Pfarrer oder der Küster dich erwischt hätten?«
»Haben sie aber nicht.«
»Aber stell dir vor, sie hätten doch.«
»Es ist aber nicht geschehen.«

»Aber es hätte doch so sein können.«
»Ist es aber nicht.«
»Aber beinahe.«
»Weißt du was, du gehst mir gehörig auf den Wecker.«
»Du mir schon lange!«
»Und deshalb gebe ich dir jetzt überhaupt keine Antwort mehr.«
»Du bist mir einfach zu doof. Dämlicher Willigeist.«
»Du schon längst. Blödes Miagespenst.«

»Über was streitet ihr zwei euch eigentlich so heftig?«, erkundigte sich Tante Aldora, die gerade um die Ecke bog.
Willi und Mia schauten jeder in eine andere Richtung.
»Das geht andere gar nichts an«, erklärte Mia spitz.
»Das ist einzig und allein unsere Sache«, bestätigte Willi.

»Warum müssen sich Erwachsene immer einmischen.«
»Richtig! Warum meinen sie immer, alles wissen zu müssen!«
»Aha«, sagte Tante Aldora nur und schwebte in die Sakristei davon.

Endlich!

Inzwischen lag ganz Unterfeldhagen wieder im Bett. Sascha hatte sich die Decke bis über die wilden Haarbüschel gezogen. Ines träumte schon wieder von Gespenstern. Nur Herr Blasius konnte keine Ruhe mehr finden. Er las die Zeitung von gestern und wunderte sich sehr: »Kann es sein, dass ich das alles schon einmal gelesen habe?«
Der Küster stellte, für alle Fälle, seinen Radiowecker ein. Natürlich auf den Sender mit der Marschmusik. Davon würde er ganz bestimmt aufwachen.
Trotz der Aufregungen war auch der Pfarrer wieder eingeschlafen. Sein lautes Schnarchen drang bis auf die Straße. Doch da alle zu Hause im Bett lagen, konnte es, Gott sei Dank, keiner hören. Denn es klang wirklich nicht schön... Ehrlich gesagt: Es war fürchterlich!

Am Vormittag erklang die Kirchenglocke noch einmal. Diesmal zur rechten Zeit.
Und von überall her kamen die festlich gekleideten Menschen aus ihren Häusern und eilten schnell zur Kirche.
»Warum darf die Glocke jetzt Krach machen und vorher nicht?«, wunderte sich Willi. Er saß auf einer Orgelpfeife und schaute in die vollbesetzte Kirche. Wo nur seine beiden Freunde blieben...
»Mach, dass du schnell da runterkommst, du verstopfst sonst die Töne.« Tante Aldora wusste, wovon sie sprach.
»Ja, wo sind denn nur Sascha und Ines?«, fragte nun auch Mia aufgeregt.
»Pststillsofortruhejetzt!«, rief Onkel Reginald aufgeregt.

Die Kommunionkinder standen vor dem Altar und hielten ganz feierlich ihre Kerzen in den Händen. Unter ihnen waren auch Ines und Sascha.
»Oh, wie bin ich glücklich, mit dabei sein zu können«, flüsterte Willi.
»Ich auch,« flüsterte Mia zurück. »Und ich fühle mich doch ein klein wenig so, als ob ich dazugehören würde.«
Willi nickte.
Aber dann hielten beide ihren Mund.
Denn wenn etwas so ganz besonders schön und feierlich ist, dann kann man nichts mehr sagen. Dann ist man einfach still und freut sich.

Der Himmel gibt Antwort

Nachdem die Leute längst nach Hause gegangen waren, standen der Küster und der Pfarrer noch an der Kirche. Sie blickten auf den See vor der Tür – genauer gesagt auf die zwei Fensterläden, die jetzt als Brücke dienten.
»Aber Sie können doch wenigstens mir zugeben, dass Sie es waren, der auf diese ausgezeichnete Idee gekommen ist und diese Dinger da – wo haben Sie die übrigens so schnell aufgetrieben – über die Riesenpfütze gelegt hat.« Der Pfarrer sprach mit leiser Stimme, aber sehr eindringlich auf den Küster ein.
»Ich war es nicht. Ich war es wirklich nicht,« wiederholte dieser immer wieder. So, als wäre das eine furchtbare Tat gewesen.
»Ich verstehe nicht, warum Sie nicht dazu stehen. Ohne Sie wären wir doch alle im Schlamm versunken,« versuchte es der Pfarrer erneut.
»Ich war es wirklich nicht!«
»Na dann waren Sie es halt in Gottes Namen nicht. Dann muss ich wohl echt an Gespenster glauben. An herumschwebende fürchterliche Gestalten, die in meiner schönen Kirche wohnen. Und von irgendwoher Fensterläden hergegeistert haben.«
Flehend sah der Pfarrer in den Himmel. »Kannst du mir da oben vielleicht eine Antwort darauf geben?«
Und plötzlich verzog sich die fette Regenwolke und ein heller Sonnenstrahl erschien. Der guckte durch die Lamellen der Fensterläden direkt in die große Pfütze und begann lauter runde Kringeln auf dem Wasser zu zeichnen.
War das die Antwort? »Na ja,« seufzte der Pfarrer, »irgendwie habe ich ja schon immer so etwas geahnt...«

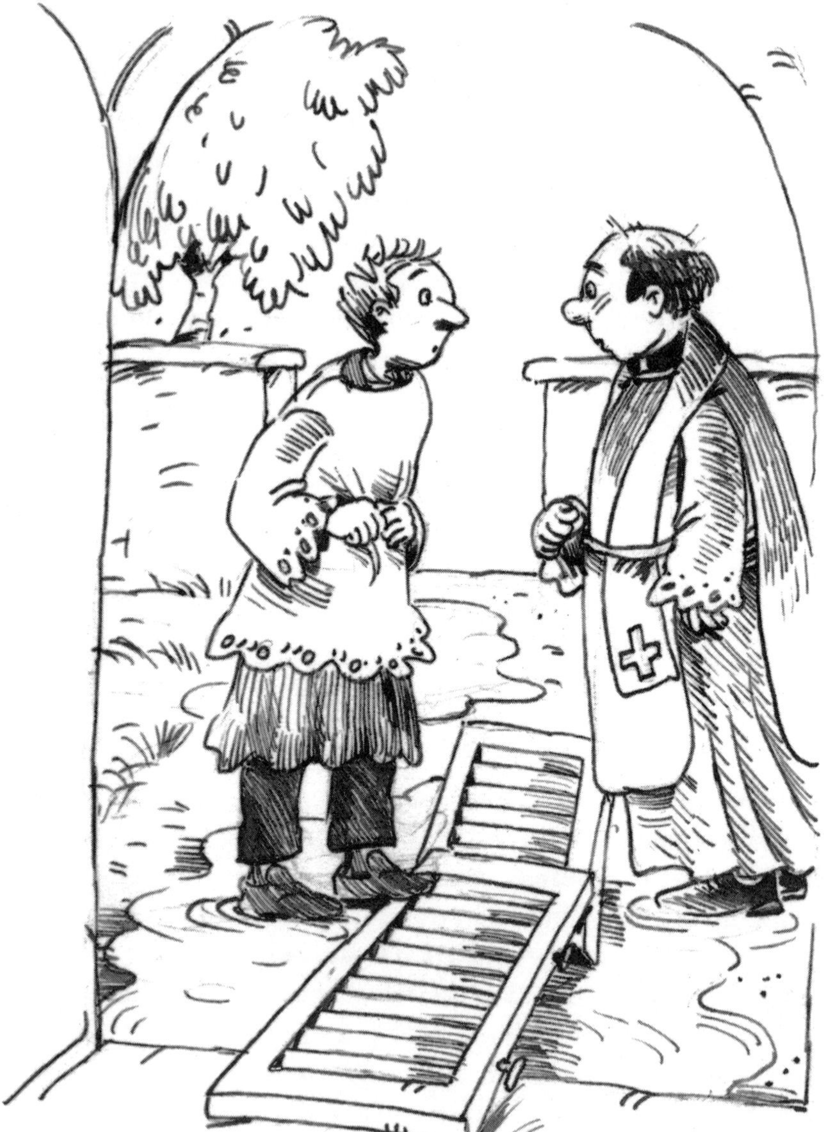

»Was denn?«, fragte der Küster neugierig.
Doch der Pfarrer schüttelte nur den Kopf und schwieg vor sich hin. Manchmal konnte man sich nur wundern...
Was war denn das? Hatte etwa der Küster über ihn gelacht? Doch der konnte es nicht gewesen sein. Es waren eindeutig Kinderstimmen gewesen, obwohl ganz bestimmt kein Kind mehr in der Kirche war.

Mia und Willi hielten sich gegenseitig den Mund zu. Das hätte gerade noch gefehlt, dass der Pfarrer ihnen auf die Schliche kam und an Gespenster zu glauben begann.

Durch die bunten Fensterscheiben
blinzelt frech der Sonnenschein.
Es ist derselbe, der soeben
schaute in die Pfütze rein.
Doch die Gespenster trifft er nicht:
Die fürchten sich vorm Sonnenlicht.

Wie du Mia und Willi finden kannst

Eine Stufe nach der andern
    musst du den hohen Turm hinauf
        und du wirst denken,
            die Treppe hört nie auf.

Eine Stufe nach der andern
    musst du ersteigen
        und erst ganz oben
            werden sich dir –
                wenn sie wollen –
                    die Gespenster zeigen.

Doch vorher bekommst du den Drehwurm
und glaubst dich im Schneesturm
oder du siehst ein Mondschwein.
Doch Vorsicht: Das kann ein Gespenst sein!

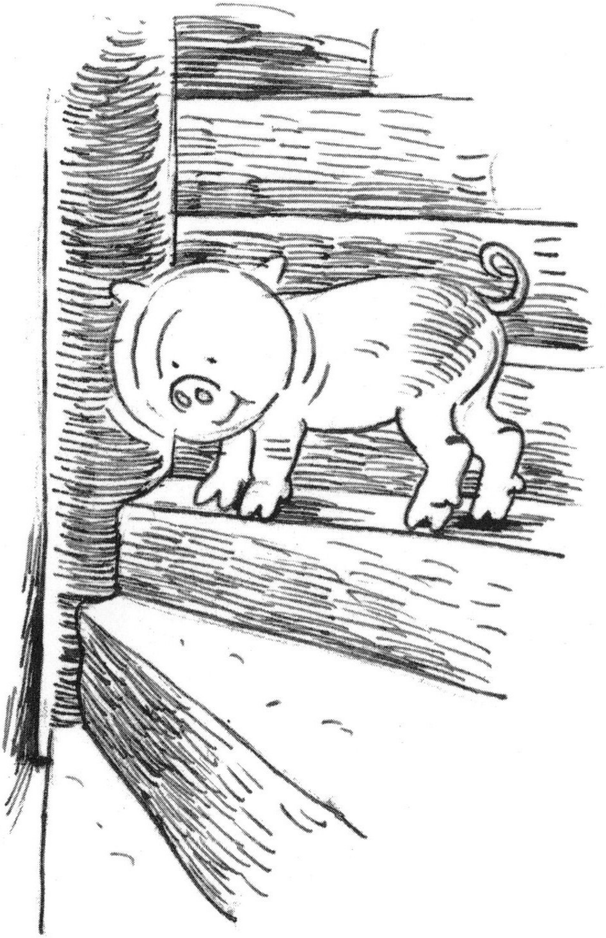

Inhalt

Geisterzeit 4
Sie kommen... 5
Gespensterkinder 8
Wumwumwimwim 11
Der Möbelwind 15
Mondgedicht 18
Kuchenbacken 19
Krumel, Krümel, Kirchenmaus 22
Wie ein Geistergewand gemacht wird 23
Und da waren doch noch... 24
Larifari 26
Klamottentausch 27
Was klebt denn da? 33
Ob das etwas hilft? 37
Wie man ein Gespenst fängt 39
Was der Mond so alles zu sehen bekommt 43
Vom großen Wunsch 44
Eine Superidee 49
Willis »Denkerstufe« 53
Mondsteinkuchen und Geistersaft 56
Morgenstund' hat Gold im Mund 57
Ist da vielleicht der Wurm drin? 62
Endlich! 65
Der Himmel gibt Antwort 67
Wie du Mia und Willi finden kannst 70